INCRÍVEIS DINOSSAUROS
JURÁSSICO

©TODOLIVRO LTDA.

Rodovia Jorge Lacerda, 5086 - Poço Grande
Gaspar - SC | CEP 89115-100

Texto:
Rupert Matthews

Ilustração:
Ivan Stalio, Alessandro Cantucci, Fabiano Fabbrucci, Andrea Morandi

Tradução e adaptação:
Ruth Marschalek

Revisão:
Karin E. Rees de Azevedo

IMPRESSO NA ÍNDIA
www.todolivro.com.br

Dados Internacionais de Catalogação na Publicação (CIP)
(Câmara Brasileira do Livro, SP, Brasil)

Incríveis dinossauros : os dinossauros do
jurássico / [Rupert Matthews; tradução: Ruth Marschalek].
Gaspar, SC : Todolivro, 2022.

(Incríveis dinossauros ; 3)
Vários ilustradores.
Título original: Amazing dinosaurs : jurassic

ISBN 978-65-5617-124-1

1. Dinossauros - Literatura infantojuvenil
I. Matthews, Rupert. II. Série.

22-137198 CDD-028.5

Índices para catálogo sistemático:

1. Dinossauros : Literatura infantil 028.5
2. Dinossauros : Literatura infantojuvenil 028.5

INCRÍVEIS DINOSSAUROS

JURÁSSICO

Todolivro

Sumário

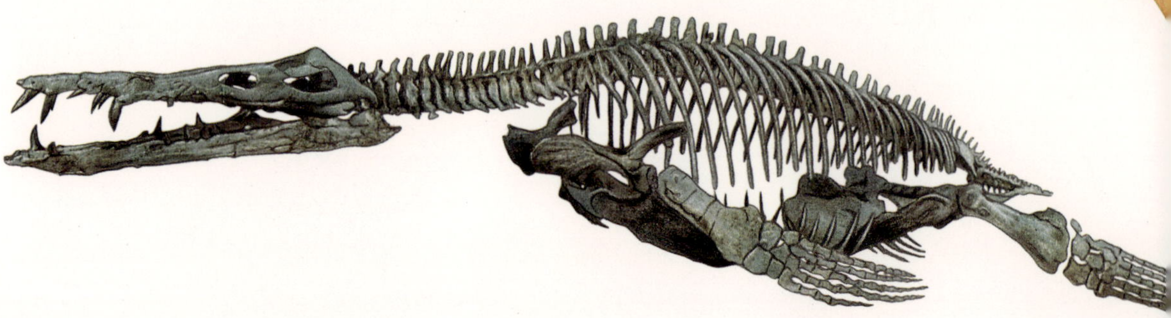

INTRODUÇÃO

O MUNDO JURÁSSICO TESTEMUNHOU A ASCENSÃO DRAMÁTICA DOS DINOSSAUROS NA METADE DA ERA MESOZOICA (208 – 144 MAA*). ESTA FOI A ÉPOCA DOS GIGANTES HERBÍVOROS SAURÓPODES, COMO O DIPLÓDOCO E O GIGANTOSSAURO. ELES FORAM AS MAIORES CRIATURAS QUE JÁ VAGARAM PELA TERRA. ELES FORAM CAÇADOS POR TEMÍVEIS CARNÍVOROS E COMPARTILHARAM SEU MUNDO COM UMA VARIEDADE DE CRIATURAS SUBMARINAS E ESTRANHOS RÉPTEIS ALADOS QUE HABITAVAM O AR NA MESMA ÉPOCA QUE AS AVES MODERNAS EVOLUÍRAM. ESTE LIVRO ACOMPANHA SUA EVOLUÇÃO AO LONGO DESTE PERÍODO EMPOLGANTE E EXAMINA OS PRINCIPAIS GRUPOS DE DINOSSAUROS E SEUS CONTEMPORÂNEOS NOS CÉUS E MARES.

N.T.: MAA* = MILHÕES DE ANOS ATRÁS

COMO ESTE LIVRO FUNCIONA

CADA CAPÍTULO NESTE LIVRO COMEÇA COM UMA ILUSTRAÇÃO DE DUAS PÁGINAS QUE MOSTRA RÉPTEIS E OUTRAS CRIATURAS DO JURÁSSICO EM UM CENÁRIO DINÂMICO. ESTAS ABERTURAS CONDUZEM PARA PÁGINAS DUPLAS QUE EXPLICAM O CONCEITO APRESENTADO NO CENÁRIO COM DETALHAMENTO MAIOR.

CABEÇALHOS SUCINTOS EXPLICAM COMO CADA VINHETA ESTÁ RELACIONADA COM O ASSUNTO.

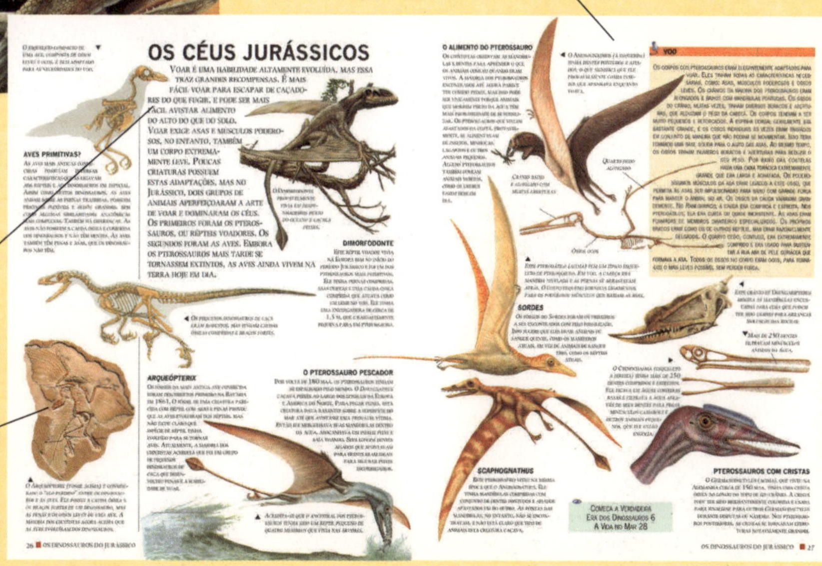

UMA ILUSTRAÇÃO DINÂMICA E TOTALMENTE COLORIDA APRESENTA CADA ASSUNTO DA SEÇÃO.

O TEXTO INTRODUTÓRIO DÁ UMA VISÃO GERAL DO ASSUNTO.

TEXTO VÍVIDO E DESCRITIVO ACOMPANHA UMA GRANDE ILUSTRAÇÃO QUE FORNECE UMA VISÃO DETALHADA DOS ANIMAIS DO JURÁSSICO EM AÇÃO.

COMEÇA A VERDADEIRA ERA DOS DINOSSAUROS

Os dinossauros evoluíram primeiro durante o Período Triássico, mas foi no Período Jurássico que dominaram o mundo. O grande sucesso dos dinossauros se deu tanto por suas próprias habilidades quanto por fatores ambientais. Os dinossauros tinham pernas eretas que os capacitavam a se locomover mais eficientemente do que outros répteis. Eles, provavelmente, também tinham características internas, como um coração com quatro compartimentos, que os ajudavam a sobreviver. Não apenas os dinossauros se tornaram imensamente bem-sucedidos durante o Período Jurássico. Outros grupos de répteis, como os pterossauros voadores e os plesiossauros nadadores, também cresceram em tamanho e quantidade.

▲ O mundo em meados do Jurássico.

O FORMATO DAS COISAS POR VIR

No início do Período Jurássico, todas as massas de terra do mundo estavam juntas. Os dinossauros perambulavam por todas as áreas, por isso as espécies de dinossauros encontradas em diferentes partes do mundo são similares. À medida que o clima, gradualmente, se tornava mais úmido e quente, uma vegetação exuberante cresceu em muitas regiões que antes tinham sido desertos. Com alimento em abundância para comer e espaço para viver, os dinossauros se tornaram enormes e existiam em grande quantidade.

◄ As florestas do Jurássico eram o lar de uma variedade de criaturas. Os maiores eram os saurópodes, como o Diplódoco, que comia folhas. Em sua busca por alimento, estes herbívoros precisavam ter cuidado com caçadores poderosos como o Eustreptospondylus. Animais bem menores, como os mamíferos, escapuliam pela vegetação rasteira.

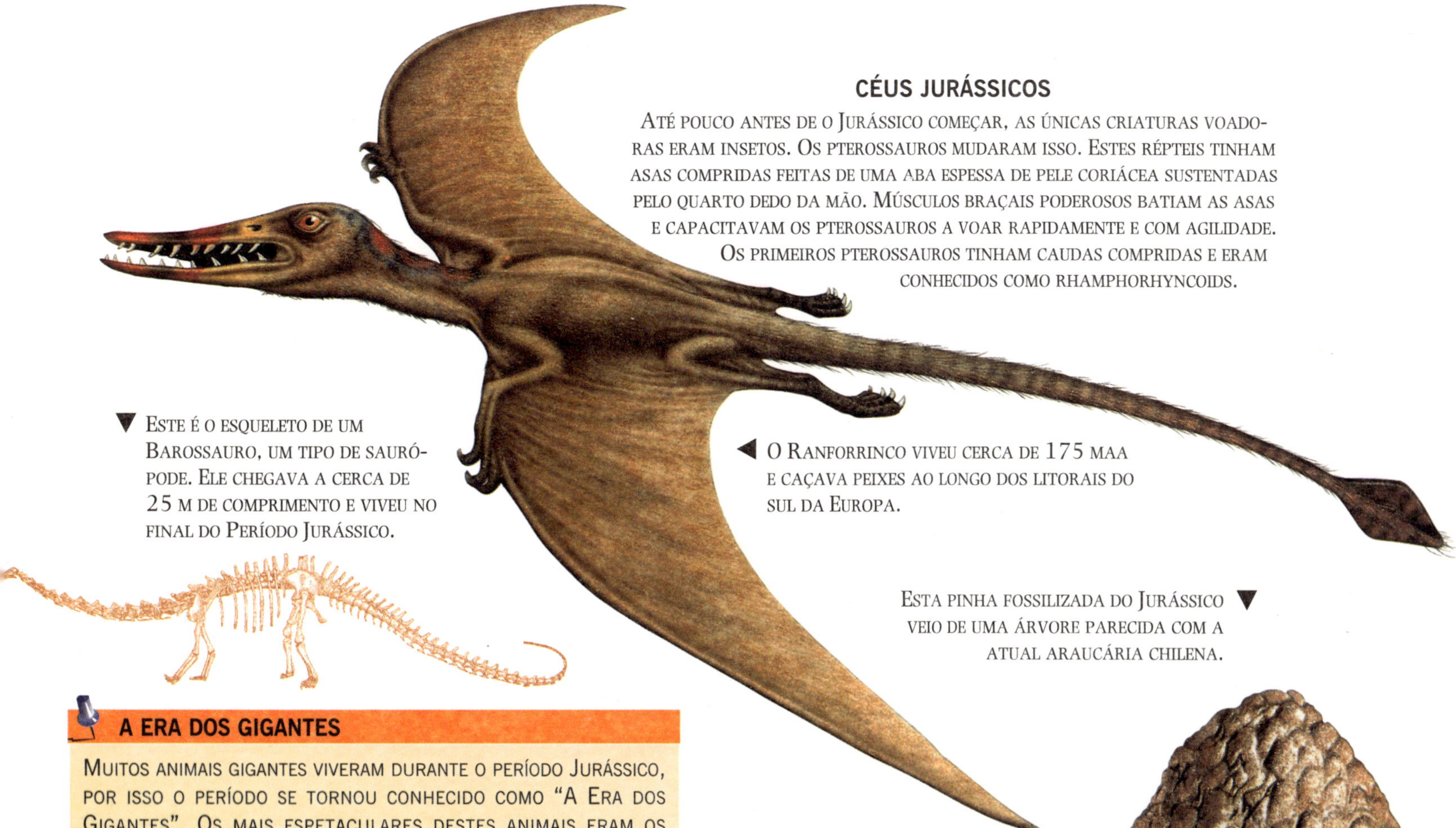

CÉUS JURÁSSICOS

Até pouco antes de o Jurássico começar, as únicas criaturas voadoras eram insetos. Os pterossauros mudaram isso. Estes répteis tinham asas compridas feitas de uma aba espessa de pele coriácea sustentadas pelo quarto dedo da mão. Músculos braçais poderosos batiam as asas e capacitavam os pterossauros a voar rapidamente e com agilidade. Os primeiros pterossauros tinham caudas compridas e eram conhecidos como rhamphorhyncoids.

▼ Este é o esqueleto de um Barossauro, um tipo de saurópode. Ele chegava a cerca de 25 m de comprimento e viveu no final do Período Jurássico.

◀ O Ranforrinco viveu cerca de 175 maa e caçava peixes ao longo dos litorais do sul da Europa.

Esta pinha fossilizada do Jurássico veio de uma árvore parecida com a atual araucária chilena. ▼

A ERA DOS GIGANTES

Muitos animais gigantes viveram durante o período Jurássico, por isso o período se tornou conhecido como "A Era dos Gigantes". Os mais espetaculares destes animais eram os dinossauros, e destes, os maiores eram os saurópodes. Os saurópodes eram uma família de dinossauros herbívoros com pescoços e caudas muito compridas, e corpos robustos em forma de barril sustentados por quatro pernas grossas. Alguns saurópodes chegavam a ter cerca de 30 m de comprimento e podem ter pesado por volta de 80 toneladas. Eles eram os maiores animais que já andaram na terra, mas não estavam sozinhos. Os estegossauros eram um grupo de dinossauros com grandes espinhos e placas ósseas, que cresciam ao longo de suas costas. Os maiores alcançavam 9 m de comprimento e pesavam cerca de 3 toneladas. Dinossauros caçadores chegavam a ter mais de 12 m de comprimento e pesavam mais de 2 toneladas. Embora os dinossauros tenham vivido na terra por outros 60 milhões de anos após o fim do Jurássico, eles nunca mais se tornaram tão grandes quanto foram na Era dos Gigantes.

AS PLANTAS JURÁSSICAS

As plantas que os dinossauros comiam eram parecidas com algumas plantas modernas, mas também havia diferenças. Havia então pinheiros e samambaias que pareceriam familiares a nós. As plantas que agora são raras, como cavalinhas e fetos arbóreos, eram comuns então, mas algumas plantas Jurássicas, como as cicadáceas, se extinguiram completamente. Plantas com floração que agora são comuns nem sequer existiam.

OS MARES JURÁSSICOS

Durante o Período Jurássico, grandes áreas do que agora é terra estavam inundadas por mares rasos e aquecidos. Estas águas eram ricas em peixes e outros alimentos para os répteis marinhos comerem. Por causa disso, diversas espécies de répteis marinhos evoluíram. Os mais bem-sucedidos foram os plesiossauros. Estes répteis tinham corpos espessos com quatro grandes nadadeiras e uma cauda muscular. Um grupo de plesiossauros, os pliossauros, tinham cabeças bem grandes e caçavam animais maiores.

▲ O Liopleurodonte foi um pliossauro que chegava a 12 m de comprimento. Apesar do tamanho, ele era um ágil nadador e podia mudar de direção rapidamente enquanto caçava.

Prossaurópodes 10
Os Gigantes do Jurássico 14
Alimentando-se de Gigantes 18
Céus Jurássicos 26
Vida no Mar 30

PROSSAURÓPODES

AO NASCER DO PERÍODO JURÁSSICO, OS DINOSSAUROS MAIS NUMEROSOS ERAM OS PROSSAURÓPODES. ALGUNS ERAM UM POUCO MAIORES DO QUE UMA OVELHA DE HOJE, MAS OUTROS TINHAM ATÉ 12 M DE COMPRIMENTO. TODOS COMIAM PLANTAS E USAVAM O PESCOÇO COMPRIDO PARA PEGAR FOLHAS QUE AS OUTRAS CRIATURAS NÃO CONSEGUIAM ALCANÇAR. POR VOLTA DE 185 MAA, OS PROSSAURÓPODES JÁ ESTAVAM EXTINTOS E OUTROS DINOSSAUROS HERBÍVOROS HAVIAM ASSUMIDO O CONTROLE.

Os Sauropodomorfos

Por mais de 150 milhões de anos, os sauropodomorfos foram os maiores animais terrestres na Terra. Havia muitas espécies diferentes, mas todas pertenciam a um dos dois grupos. Os prossaurópodes surgiram ao final do Período Triássico e haviam se espalhado pelo mundo no início do Jurássico. Estes dinossauros eram herbívoros com pescoços e caudas compridas. No período de alguns milhões de anos, contudo, os prossaurópodes se extinguiram e foram substituídos pelos saurópodes. Estes dinossauros eram muito maiores, mas tinham pescoços compridos e caudas como os prossaurópodes.

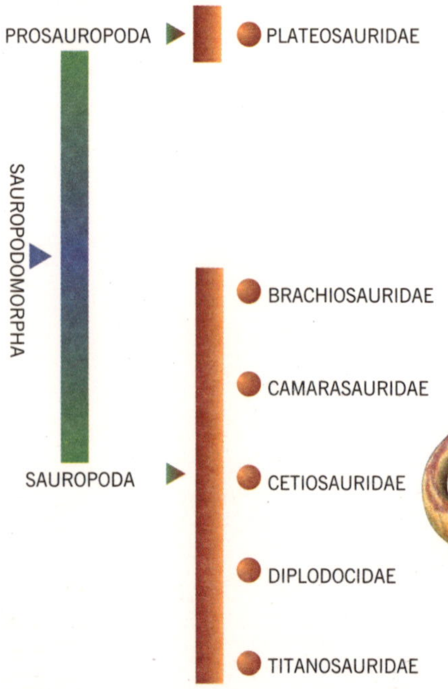

▲ A árvore genealógica dos sauropodomorfos se dividiu em duas cerca de 210 maa. Não está claro se os saurópodes evoluíram de uma espécie de prossaurópode ou se os dois grupos compartilhavam um ancestral em comum.

◀ Este é o esqueleto de um Massospondylus.

O INÍCIO DO JURÁSSICO PRIMITIVO

O início do Período Jurássico foi uma época de transformação. Muitos répteis que eram comuns no Triássico estavam agora extintos e tinham sido substituídos pelos dinossauros. Várias espécies de dinossauros evoluíram rapidamente, conforme novas espécies surgiram e as antigas se extinguiram. Durante os primeiros milhões de anos do Jurássico, os dinossauros tendiam a se tornar maiores e mais pesados. Em meados do Jurássico, os dinossauros tinham evoluído para se tornarem os maiores animais que já andaram na terra.

ANQUISSAURO

Este dinossauro vivia na América do Norte bem no início do Período Jurássico. Ele tinha apenas cerca de 2,5 m de comprimento e andava sobre os quatro membros na época. Ele podia correr sobre as pernas traseiras, quando fosse necessário se movimentar rapidamente, para fugir de predadores, por exemplo. Se não pudesse fugir, ele tinha garras grandes nas patas frontais com as quais se defendia. ▼

O Tecodontossauro foi um dos primeiros dinossauros a ser descoberto. Seus fósseis foram desenterrados na Inglaterra em 1843. ▶

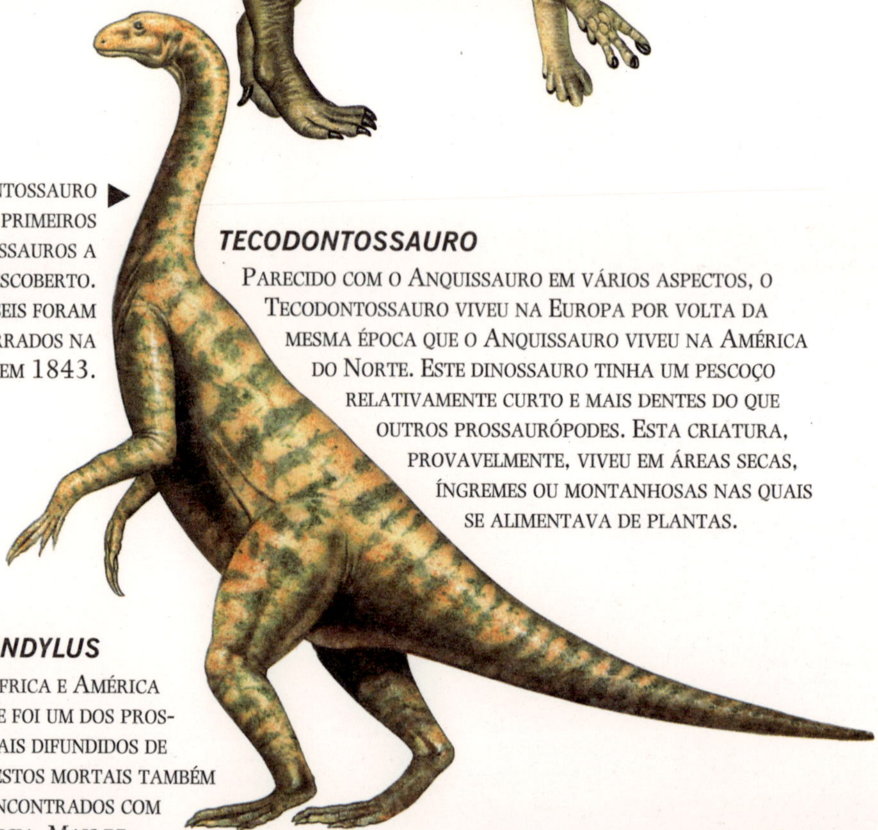

TECODONTOSSAURO

Parecido com o Anquissauro em vários aspectos, o Tecodontossauro viveu na Europa por volta da mesma época que o Anquissauro viveu na América do Norte. Este dinossauro tinha um pescoço relativamente curto e mais dentes do que outros prossaurópodes. Esta criatura, provavelmente, viveu em áreas secas, íngremes ou montanhosas nas quais se alimentava de plantas.

MASSOSPONDYLUS

Vivendo na África e América do Norte, este foi um dos prossaurópodes mais difundidos de todos. Seus restos mortais também são aqueles encontrados com maior frequência. Mais de 80 fósseis foram desenterrados pelos cientistas. O Massospondylus alcançava cerca de 4 m de comprimento, mas tinha uma cabeça pequenina que era menor em proporção ao corpo do que as de outros prossaurópodes. Suas pernas frontais tinham garras grandes e podem ter sido usadas tanto para pegar alimento quanto para caminhar.

Começa a Verdadeira Era dos Dinossauros 8
Os Gigantes do Jurássico 14
No Interior de um *Saurópode* 20
Estegossauro 34

◀ O Diplódoco e o Braquiossauro ultrapassavam em altura a girafa atual e eram imensos comparados ao tamanho de um ser humano.

▼ O Massospondylus era comprido e estreito, com um corpo mais ou menos do mesmo tamanho que o de um ser humano.

VARIAÇÕES DE TAMANHO

Os primeiros dinossauros variavam muito de tamanho, como se pode observar aqui quando são comparados ao ser humano e a girafa de hoje. Os menores destes dinossauros estavam entre os mais leves e menores de todos os dinossauros, mas os maiores estavam entre os maiores animais que já viveram.

▲ O Scutelossauro, o Lesotossauro e o Tecodontossauro tinham todos aproximadamente o tamanho de um cachorro pequeno.

▲ O Plateossauro era grande e sólido, mas o Anquissauro era baixo e esbelto.

SCUTELOSSAURO

Esta criatura de 1,2 m de comprimento da América do Norte era única entre os primeiros dinossauros porque tinha uma armadura óssea ao longo das costas. Os pinos ósseos eram montados na pele e dispostos em fileiras que corriam dos ombros aos quadris. Como todos os ornitísquios, o Scutelossauro cortava as plantas com os dentes antes de engoli-las.

LESOTOSSAURO

Denominado em homenagem ao país na África no qual seus fósseis foram encontrados, o Lesotossauro era comum nas planícies quentes e áridas que cobriam a área naquela época. Ele tinha pernas traseiras compridas e poderosas para ajudá-lo a correr bem rápido, e uma cauda forte e robusta que era usada como contrapeso para possibilitar ao dinossauro mudar de direção rapidamente. O pescoço era muito flexível e capaz de girar a cabeça ao redor para procurar folhas e brotos saborosos.

ORNITÍSQUIOS

A maioria dos primeiríssimos fósseis de dinossauro encontrados até agora pertence ao grupo dos saurísquios, o que significa que eles tinham quadris moldados como os dos lagartos atuais. Somente rumo ao final do Período Jurássico é que os dinossauros ornitísquios, os com quadris moldados como os das aves atuais, se tornaram mais comuns.

Ainda assim, havia alguns dinossauros ornitísquios até mesmo nos primórdios do Jurássico. Eles eram os fabrossaurídeos que viviam pela África, Ásia, Europa e as Américas. Eles tendiam a ser bem pequenos, com menos da metade da altura de um ser humano de hoje, e eram velozes. Eles podiam andar sobre os quatro membros, mas, exceto pelo *Scutelossauro*, muito provavelmente andavam sobre as pernas traseiras e usavam as pernas frontais para pegar alimento. Os dentes eram pequenos e em forma de uma folha de árvore, com cantos afiados como navalha. Estes dentes eram usados para rasgar o alimento em pedaços menores antes de ser engolido e digerido. Estes pequenos dinossauros mais tarde evoluíram em uma ampla variedade de criaturas de tamanhos diferentes.

Os Gigantes do Jurássico

Os gigantes andavam pela terra no Período Jurássico.

Os poderosos dinossauros saurópodes, como o Diplódoco, o Braquiossauro e o Barossauro, foram os maiores animais terrestres que já viveram.

Alguns pesavam tanto quanto uma dúzia de elefantes e se estendiam pelas alturas.

HERBÍVOROS DO JURÁSSICO

DURANTE TODO O PERÍODO DO JURÁSSICO, O SOLO ERA RECOBERTO POR PLANÍCIES E FLORESTAS EXUBERANTES E AQUECIDAS. AS PLANTAS CRESCIAM EM ABUNDÂNCIA E FORNECIAM VASTAS QUANTIDADES DE ALIMENTO PARA OS HERBÍVOROS QUE SE ALIMENTAVAM DESSAS. OS MAIORES E MAIS NUMEROSOS DELES FORAM OS DINOSSAUROS SAURÓPODES. O GRUPO SAURÓPODE É DIVIDIDO EM UMA VARIEDADE DE FAMÍLIAS, CADA UMA CONTENDO DIVERSAS CRIATURAS DIFERENTES QUE COMPARTILHAM CERTAS CARACTERÍSTICAS. OS BRAQUIOSSAURÍDEOS, POR EXEMPLO, TINHAM PERNAS DIANTEIRAS QUE ERAM MAIS COMPRIDAS DO QUE AS PERNAS TRASEIRAS. ALGUNS OUTROS HERBÍVOROS PERTENCIAM AO GRUPO DE DINOSSAUROS ORNITÍSQUIOS, MAS ERAM MUITO MENORES E MENOS NUMEROSOS DURANTE TODO O JURÁSSICO.

VULCANODONTE ▼

SAURÓPODE PRIMITIVO

UM DOS PRIMEIROS SAURÓPODES JÁ DESCOBERTO É O VULCANODONTE DE ZIMBÁBUE. ELE VIVEU CERCA DE 185 MAA. ESTE DINOSSAURO TINHA QUADRIS COMO OS DE UM PROSSAURÓPODE, MAS TINHA PERNAS E UMA ESPINHA DORSAL MAIS COMO AS DE UM SAURÓPODE. EMBORA NÃO SEJA CLARAMENTE UM SAURÓPODE OU UM PROSSAURÓPODE, O VULCANODONTE DÁ UMA BOA IDEIA DA APARÊNCIA DOS PRIMEIROS SAURÓPODES.

▲ O CAMARASSAURO PODIA MOVIMENTAR O PESCOÇO PARA CIMA E PARA BAIXO, MAS NÃO DE UM LADO A OUTRO.

***CAMARASSAURO* (LAGARTO CÂMARA)**

FAMÍLIA: CAMARASAURIDAE
VIVEU: 140 MAA
LOCALIZAÇÃO: AMÉRICA DO NORTE
COMPRIMENTO: 18 METROS
PESO: 20 TONELADAS
CARACTERÍSTICAS PECULIARES: GARRA MUITO GRANDE NO PÉ FRONTAL, TALVEZ USADA PARA CAVAR EM BUSCA DE ALIMENTO.

UM PANORAMA DOS HERBÍVOROS DO JURÁSSICO

OS SAURÓPODES VIVERAM POR TODO O MUNDO E SEUS FÓSSEIS FORAM ENCONTRADOS EM TODOS OS CONTINENTES. ELES VIVERAM ATÉ NA ANTÁRTICA, QUE ENTÃO ERA UMA TERRA DE RICA VEGETAÇÃO, NÃO O DESERTO GELADO QUE É HOJE. EMBORA ESPÉCIES LEVEMENTE DIFERENTES DE SAURÓPODES TENHAM SIDO ENCONTRADAS EM ÁREAS DIFERENTES, AS PRINCIPAIS FAMÍLIAS FORAM ENCONTRADAS EM TODOS OS CONTINENTES.

***DIPLÓDOCO* (VIGA DUPLA)**

FAMÍLIA: DIPLODOCIDAE
VIVEU: 145 MAA
LOCALIZAÇÃO: AMÉRICA DO NORTE
COMPRIMENTO: 27 METROS
PESO: 10-12 TONELADAS
CARACTERÍSTICAS PECULIARES: NARINAS LOCALIZADAS NO ALTO DO CRÂNIO, ENTRE OS OLHOS.

***BRAQUIOSSAURO* (LAGARTO BRAÇO)**

FAMÍLIA: BRACHIOSAURIDAE
VIVEU: 150 MAA
LOCALIZAÇÃO: ÁFRICA ORIENTAL E AMÉRICA DO NORTE
COMPRIMENTO: 22,5 METROS
PESO: 50 TONELADAS
CARACTERÍSTICAS PECULIARES: DENTES GRANDES COM FORMATO DE CINZÉIS.

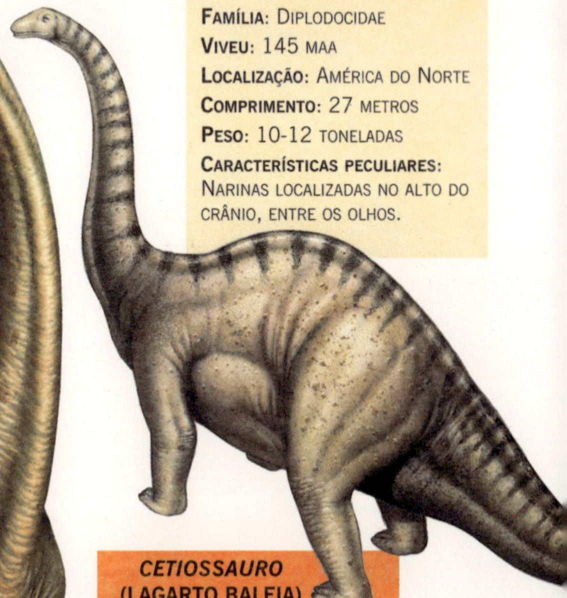

***CETIOSSAURO* (LAGARTO BALEIA)**

FAMÍLIA: CETIOSAURIDAE
VIVEU: 160 MAA
LOCALIZAÇÃO: EUROPA
COMPRIMENTO: 18 METROS
PESO: 10 TONELADAS
CARACTERÍSTICAS PECULIARES: UM PESCOÇO RELATIVAMENTE CURTO

COMEÇA A VERDADEIRA ERA DOS DINOSSAUROS 8
PROSSAURÓPODES 10
NO INTERIOR DE UM *SAURÓPODE* 20
ALIMENTANDO-SE DE GIGANTES 18

Outros herbívoros de meados até o fim do Jurássico

Embora os saurópodes fossem os maiores e mais numerosos herbívoros do Jurássico, eles não estavam sozinhos. Uma série de outros herbívoros eram dinossauros ornitísquios e pertenciam a um grupo conhecido como ornitópodes, que significava "pé de ave". Estes dinossauros andavam sobre as pernas traseiras e deixavam pegadas que se parecem com as das aves de hoje, com três dedos do pé, cada qual terminando em uma pequena garra.

Driossauro

Este dinossauro pertencia à família hipsilofodonte dos ornitópodes. Ele tinha apenas cerca de 3,5 m de comprimento, mas podia correr extremamente rápido sobre suas longas e delgadas pernas traseiras. As pernas dianteiras terminavam em cinco dedos curtos que podem ter sido usados para pegar alimento. Não havia dentes na parte da frente da boca, mas pode ter havido um bico usado para cortar folhas das plantas.

Camptossauro

Este dinossauro de médio porte foi o primeiro de um grupo que se tornaria mais tarde extremamente numeroso – os iguanodontídeos. O Camptossauro tinha cerca de 6 m de comprimento e pesava até 4 toneladas. Ele viveu na Europa e América do Norte cerca de 145 maa, bem no final do Período Jurássico. Este dinossauro usava as pernas dianteiras para sustentação quando se agachava para comer plantas rasteiras, mas normalmente caminhava sobre as pernas traseiras.

Heterodontossauro

Este dinossauro tinha somente cerca de 1,2 m de comprimento e pertencia à família dos Heterondontossauridae. O nome significa "lagarto com dentes diferentes", que se refere aos formatos variados dos dentes em suas mandíbulas. Na parte frontal eram dentes pequenos e afiados para arrancar folhas das plantas; na parte de trás eram dentes largos para triturar as folhas até formar uma polpa. Entre eles havia presas afiadas e compridas, armas que podem ter sido usadas para afugentar dinossauros caçadores ou talvez para lutar contra heterodontossauros rivais.

Mamenquissauro (Lagarto de Mamenchi)

Família: Mamenchisauridae
Viveu: 150 maa
Localização: Ásia Central
Comprimento: 22 metros
Peso: 17 toneladas
Características peculiares: Cada osso do pescoço era duas vezes mais comprido que ossos similares nas costas ou cauda.

▲ O Mamenquissauro tinha o pescoço mais comprido de qualquer dinossauro conhecido.

O Apatossauro era outrora conhecido como Brontossauro – o Lagarto Trovão. ▶

Apatossauro (Lagarto enganador)

Família: Diplodocidae
Viveu: 145 maa
Localização: América do Norte
Comprimento: 21-27 metros
Peso: 35 toneladas
Características peculiares: Dentes com formato de cavilhas compridas e retas.

Barossauro (Lagarto pesado)

Família: Diplodocidae
Viveu: 145 maa
Localização: América do Norte
Comprimento: 25 metros
Peso: 17 toneladas
Características peculiares: Ossos na cauda mais curtos do que o normal.

◀ O Barossauro era parecido com o Diplódoco, e alguns cientistas acham que eram versões levemente diferentes do mesmo animal.

Alimentando-se dos Gigantes

Bandos de poderosos e famintos predadores caçavam os gigantescos saurópodes na paisagem Jurássica.

Equipados com dentes e garras assustadoramente afiadas, estes monstros podiam abater um saurópode e devorá-lo em horas. Nas sombras espreitavam diversos caçadores menores, que aguardavam para abocanhar um filhote de saurópode ou se banquetear das sobras de um animal abatido por um predador maior.

NO INTERIOR DE UM SAURÓPODE

Os saurópodes eram criaturas imensas. Seu mero tamanho tornava difícil que seus corpos funcionassem eficientemente. Carregar tanto peso fosse talvez o problema mais óbvio que um animal terrestre assim grande encontraria, mas também era difícil encontrar alimento suficiente para sustentar tal massa de carne e ter um coração forte o bastante para bombear sangue por todo o corpo. Os saurópodes evoluíram, gradualmente, por milhões de anos a partir de animais bem menores. À medida que seus corpos cresciam, eles davam um jeito de resolver os problemas causados por seu tamanho de inúmeras maneiras engenhosas.

▲ A grande garra dianteira pode ter sido usada para afugentar caçadores atacantes. Ela pode também ter sido usada para cavar buracos para botar ovos lá dentro.

◄ A estrutura de um saurópode era parecida com a de uma ponte suspensa moderna. Tendões extremamente fortes que percorriam as costas ligavam o pescoço à cauda e lhe permitiam equilibrar um ao outro, muito como os cabos de uma ponte equilibram o peso de uma rodovia.

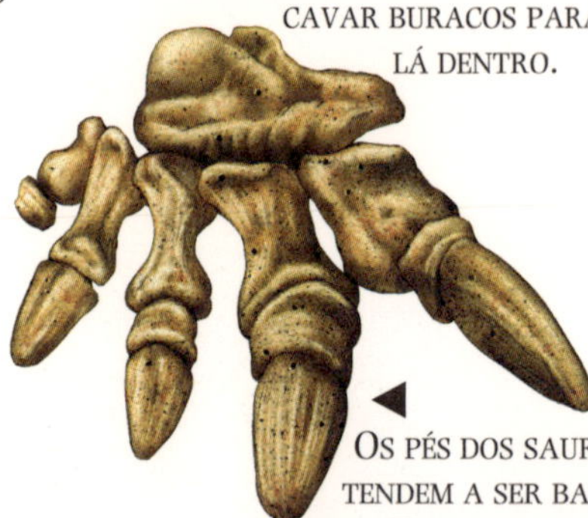

◄ Os pés dos saurópodes tendem a ser bastante similares. Eles eram largos e firmes para carregar o enorme peso do animal. A maioria dos saurópodes tinha uma grande e afiada garra nos pés dianteiros.

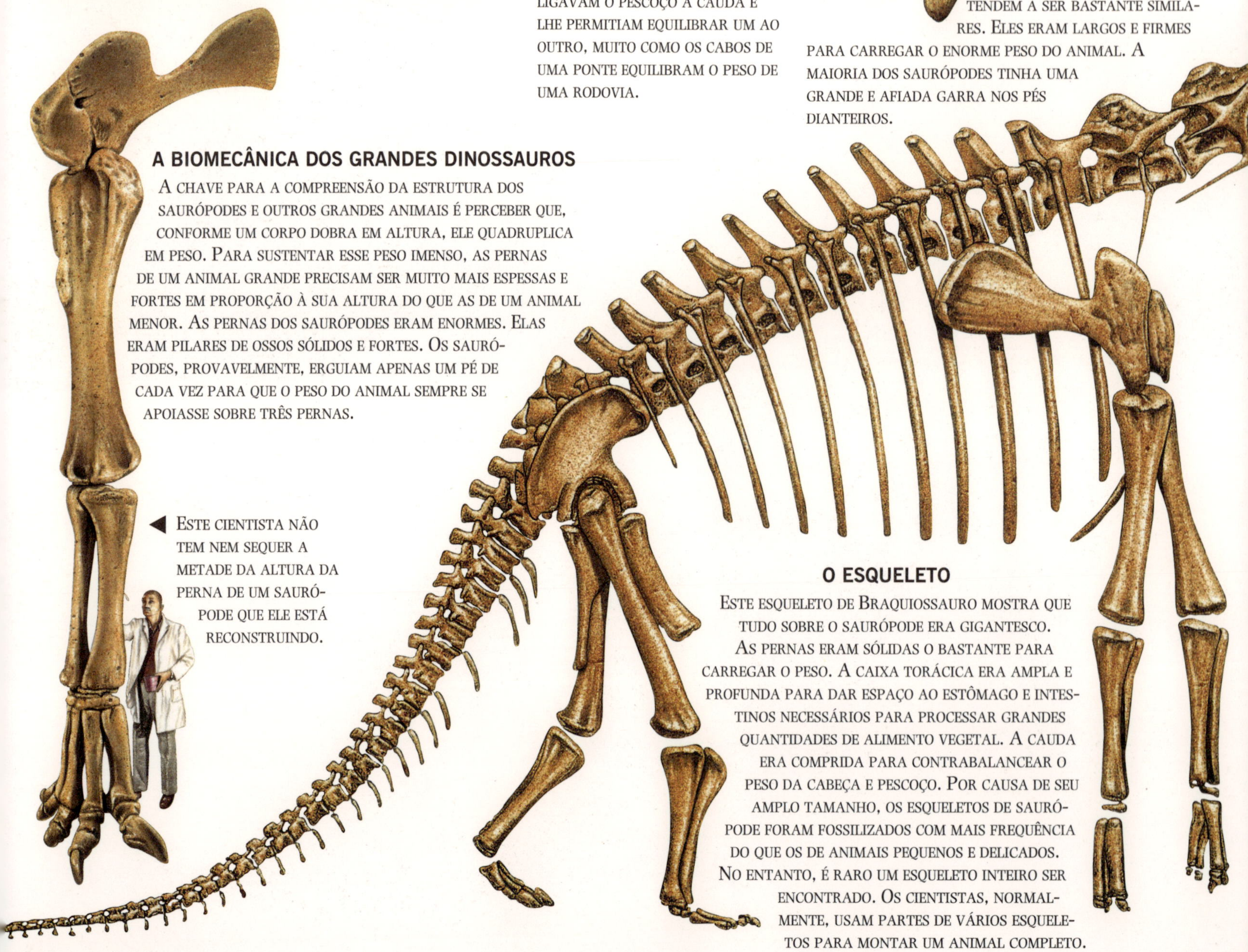

A BIOMECÂNICA DOS GRANDES DINOSSAUROS

A chave para a compreensão da estrutura dos saurópodes e outros grandes animais é perceber que, conforme um corpo dobra em altura, ele quadruplica em peso. Para sustentar esse peso imenso, as pernas de um animal grande precisam ser muito mais espessas e fortes em proporção à sua altura do que as de um animal menor. As pernas dos saurópodes eram enormes. Elas eram pilares de ossos sólidos e fortes. Os saurópodes, provavelmente, erguiam apenas um pé de cada vez para que o peso do animal sempre se apoiasse sobre três pernas.

◄ Este cientista não tem nem sequer a metade da altura da perna de um saurópode que ele está reconstruindo.

O ESQUELETO

Este esqueleto de Braquiossauro mostra que tudo sobre o saurópode era gigantesco. As pernas eram sólidas o bastante para carregar o peso. A caixa torácica era ampla e profunda para dar espaço ao estômago e intestinos necessários para processar grandes quantidades de alimento vegetal. A cauda era comprida para contrabalancear o peso da cabeça e pescoço. Por causa de seu amplo tamanho, os esqueletos de saurópode foram fossilizados com mais frequência do que os de animais pequenos e delicados. No entanto, é raro um esqueleto inteiro ser encontrado. Os cientistas, normalmente, usam partes de vários esqueletos para montar um animal completo.

As cabeças do saurópode eram surpreendentemente pequenas. Por isso, os cérebros destes animais eram muito pequenos comparados ao tamanho do corpo. Algumas pessoas acreditam que isso significa que os dinossauros eram estúpidos, mas é mais provável que agrupamentos de nervos por todo o corpo gerenciassem os movimentos automáticos de vários órgãos.

Defesa

Saurópodes adultos eram grandes e poderosos o bastante para se protegerem de ataques. Eles podiam usar seu mero tamanho para fazer um caçador fugir. Todavia os gigantes herbívoros não eram desprovidos de armas.

O *Diplódoco* e alguns outros tinham caudas muito compridas e musculosas, que podiam balançar de um lado para outro tão rapidamente que a ponta rompia a barreira do som e produzia um som alto feito o estalo de um chicote. Qualquer caçador atingido por esta cauda receberia uma ferida horrível. Alguns dinossauros, como o *Shunossauro*, aprofundaram esta estratégia. Eles tinham uma grande e pesada saliência óssea com espigões afiados na ponta da cauda. Isso era uma arma poderosa que podia ter matado qualquer predador que se aproximasse demais. Muito provavelmente, animais atacantes tentavam pegar saurópodes jovens, então os adultos podem ter usado suas armas para defender os jovens.

◀ Os ossos do pescoço de um Diplódoco mostram as características comuns em todos os saurópodes. Por meio da evolução, muito dos ossos se perdeu, mas sem qualquer perda séria de força. Isso significa que o pescoço era muito mais leve do que parecia.

▼ Saurópodes jovens eram vulneráveis ao ataque de dinossauros caçadores. Talvez, apenas cerca de um em cada 20 sobrevivessem até a fase adulta.

Alimento e digestão

Grandes animais têm que processar imensas quantidades de alimento para obter energia e nutrientes suficientes para seus corpos funcionarem. As plantas podem ser muito difíceis de se decompor o bastante para extrair os nutrientes que contêm. Para resolver esse problema, alguns animais mastigam o alimento vegetal até que ele se reduza a uma papa facilmente digerível. Os saurópodes, porém, possuíam mandíbulas muito pequenas e não conseguiam abocanhar muito alimento. Se fosse para reunirem alimento o suficiente, eles tinham que pegar uma mordida de folhagem e engoli-la de uma vez a fim de prosseguir com a próxima bocada. Era impossível mastigar por um longo período.

▲ Em vez de mastigar para decompor o seu alimento, os saurópodes usavam gastrólitos, ou pedras estomacais. Eles engoliam grandes quantidades de pedras ou pedregulhos de cerca de 10 cm. Elas ficavam no estômago e batiam para lá e para cá com o alimento enquanto as paredes estomacais se contraíam. As pedras esmurravam o alimento até virar uma pasta, pronta para ir para o intestino para a digestão.

▲ Alguns saurópodes podem ter se especializado em se alimentar de certas espécies de plantas. Por exemplo, os dentes tipo cavilha dos diplodocídeos eram dispostos na boca como os dentes de um pente. A criatura podia fechar sua boca sobre o galho de um pinheiro e, então, lançar sua cabeça para trás. Os dentes tirariam assim as pinhas dos ramos.

Começa a Verdadeira Era dos Dinossauros 8
Prossaurópodes 10
Gigantes do Jurássico 14
Alimentando-se de Gigantes 18

Duelo de Titãs

Dois ferozes Alossauros lutam pelos restos de um herbívoro gigante. Até mesmo caçadores ativos como eles podiam recorrer à necrofagia se achassem que traria uma refeição fácil. Achados fósseis na América do Norte sugerem que, como muitos carnívoros, o Alossauro pode ter caçado em bandos para abater uma presa grande. Um Alossauro solitário também teria sido um inimigo incrível!

BEM ABERTO

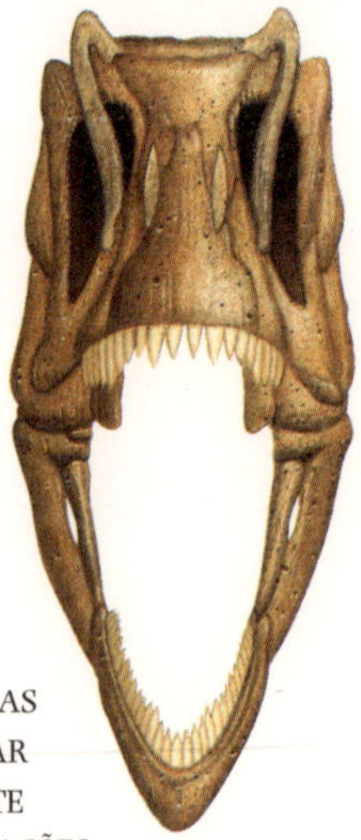

Os carnívoros do Jurássico eram bem equipados para lidar com suas vítimas. As mandíbulas do Alossauro, mostradas aqui, eram típicas de muitos caçadores, e mostram inteligente adaptação para a caça. Na posição normal (direita), as mandíbulas podiam abrir e fechar com força suficiente para matar. Articulações especiais dentro da mandíbula então capacitavam o Alossauro a ampliar a boca (esquerda) para permitir-lhe rasgar pedaços maiores da carne de sua vítima em uma única mordida. Com a boca tão cheia de comida, as mandíbulas não podiam fechar com grande força, mas uma vez que a presa estivesse morta, uma mordida forte não era necessária.

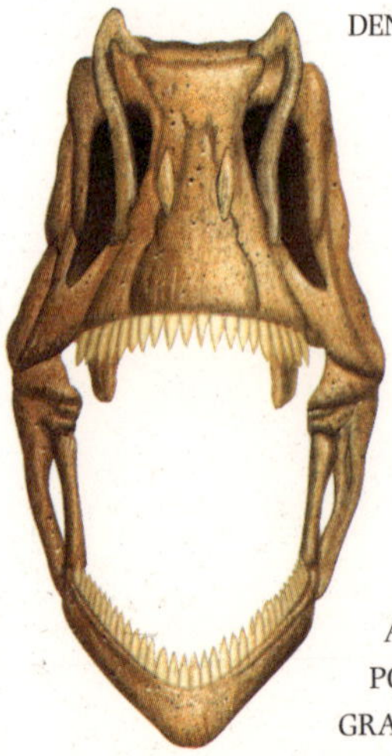

DILOFOSSAURO

O primeiro de todos os grandes assassinos foi o Dilofossauro, que viveu na América do Norte cerca de 200 maa. Ele tinha 6 m de comprimento e tinha uma grande cabeça com duas mandíbulas poderosas. A característica mais marcante do Dilofossauro eram as cristas ósseas duplas que percorriam o alto da cabeça. Acredita-se que as cristas talvez existissem para exibição e que somente machos as tivessem.

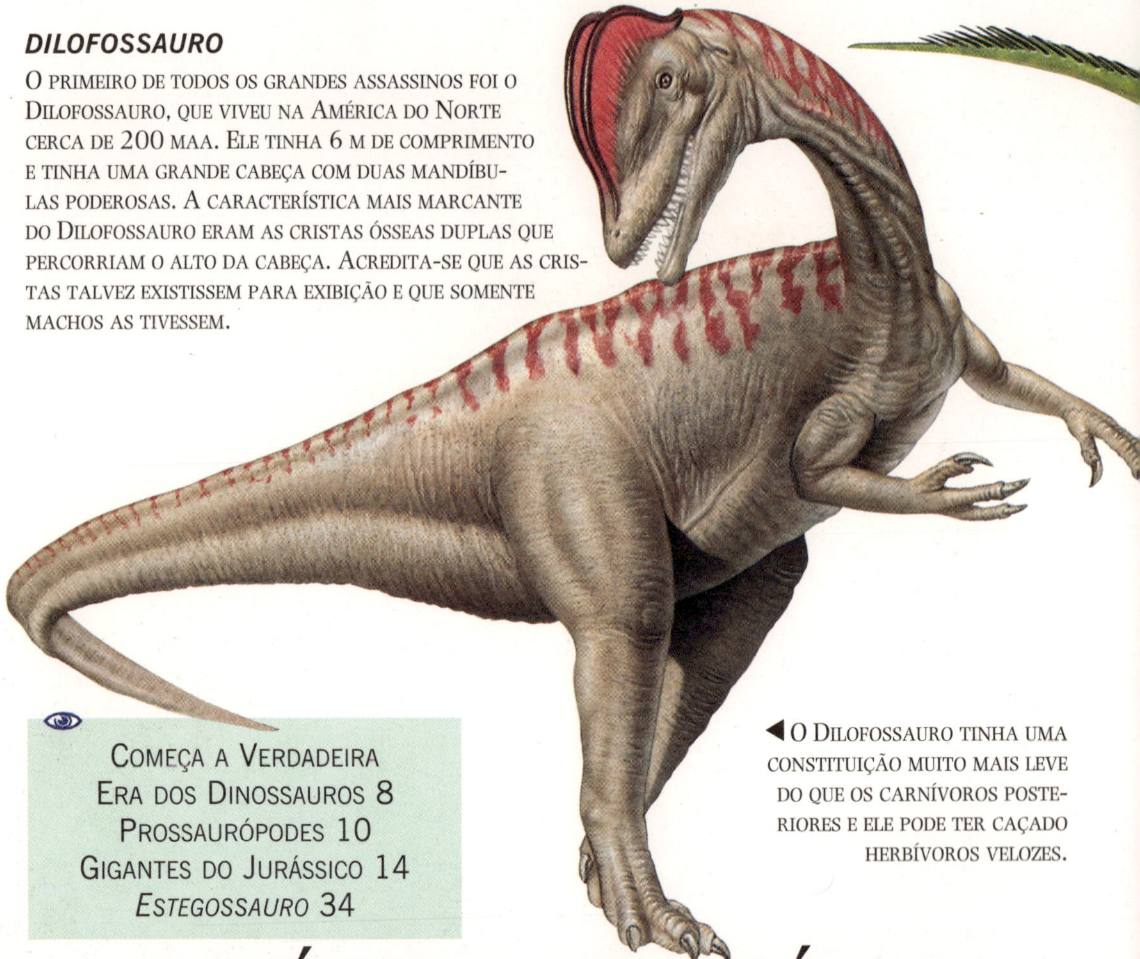

◀ O Dilofossauro tinha uma constituição muito mais leve do que os carnívoros posteriores e ele pode ter caçado herbívoros velozes.

Começa a Verdadeira Era dos Dinossauros 8
Prossaurópodes 10
Gigantes do Jurássico 14
Estegossauro 34

CARNÍVOROS DO JURÁSSICO

Os mais ferozes dinossauros do Jurássico eram os carnívoros que abatiam e devoravam seus companheiros. Algumas destas feras eram caçadores grandes e poderosos, que podiam matar quase qualquer coisa. Outros eram menores e caçavam lagartos ou mamíferos. Uns poucos não caçavam de forma alguma, em vez disso, procuravam carcaças de dinossauros que tinham morrido de causas naturais ou tinham sido mortos por outros.

ALOSSAURO

O assassino mais poderoso do Jurássico era o Alossauro. Este imenso caçador chegava a ter 12 m de comprimento e pode ter pesado até 3,5 toneladas. Ele viveu na América do Norte cerca de 145 maa. Era robusto e musculoso, capaz de derrubar herbívoros de tamanho médio. Ele provavelmente também caçava saurópodes, embora talvez tenha sido capaz somente de abater animais jovens ou doentes. o Alossauro, provavelmente, usava suas garras compridas para agarrar as vítimas enquanto as mordia.

DENTES

Tenha sido um carnívoro pequeno ou grande do Jurássico, todos eles tinham o mesmo tipo de dentes, que eram afiadamente pontudos e curvados para trás na ponta. Este formato possibilitava aos dentes perfurar a vítima e a segurar firmemente não importando o quanto essa se debatesse. Os cantos dos dentes eram serrados como uma faca de churrasco para dilacerar a carne. Os dentes, muitas vezes, se quebravam no combate, então, novos cresciam constantemente nas mandíbulas.

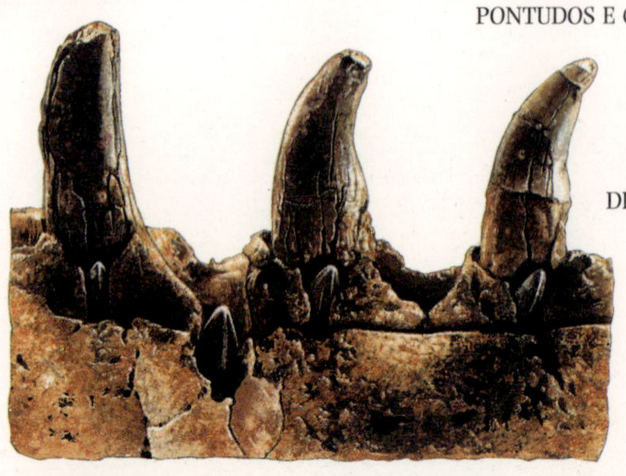

▲ A cabeça do Ornitoleste mostra o aparato colorido típico dos carnívoros do Jurássico. A saliência do osso no nariz é brilhantemente colorida e possui uma aba de pele, sustentada por espinhos, na parte de trás da cabeça. Eles podem ter sido usados para decidir qual Ornitoleste seria o líder do bando.

ORNITOLESTE

Embora o Ornitoleste tenha vivido por volta da mesma época e no mesmo lugar que o Alossauro, ele era um tipo muito diferente de assassino. Este dinossauro tinha apenas 2 m de comprimento, mas era muito veloz e ágil. O Ornitoleste caçava lagartos, insetos, mamíferos e outras criaturas pequenas, incluindo filhotes de dinossauros muito maiores. Ele pode também ter roubado carne das carcaças de dinossauros mortos pelo Alossauro.

O Proceratossauro ▶ tinha um chifre no focinho.

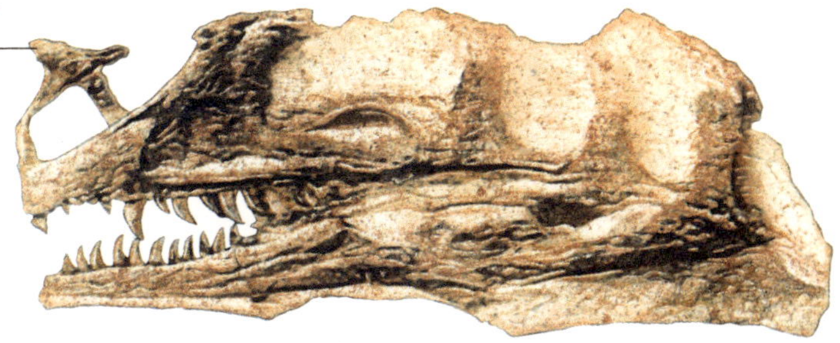

▲ Um crânio fóssil de Proceratossauro. Como em muitos carnívoros Jurássicos, o crânio é formado de ossos leves, mas fortes, com diversas aberturas em que se localizavam os músculos protuberantes da mandíbula. O nome Proceratossauro significa "antes do Ceratossauro" porque esta criatura era parecida com o Ceratossauro, mas viveu alguns milhões de anos antes. Pode ter sido um ancestral do animal posterior.

CERATOSSAURO

Este poderoso caçador viveu na América do Norte cerca de 145 maa e alcançava cerca de 6 m de comprimento. Era provavelmente capaz de correr muito rápido, embora talvez apenas por curtas distâncias. Os cientistas acham que este carnívoro caçava os herbívoros mais ágeis e menores do Período Jurássico e deixava os grandes para os carnívoros maiores.

▲ Um bando de Compsógnatos percorre os campos em busca de presas

ESQUELETO

Os carnívoros do Jurássico tinham um arranjo corporal parecido. Todos eles andavam sobre as pernas traseiras, que eram muito mais compridas e musculosas do que as pernas dianteiras. As mãos tinham garras afiadas em três ou quatro dedos fixadas em braços curtos, mas fortes. As cabeças eram relativamente grandes e tinham mandíbulas poderosas.

ASSASSINOS POR NATUREZA

O menor carnívoro Jurássico, o Compsógnato, mal tinha 1 m de comprimento. Rápido e ágil, o Compsógnato caçava lagartos, insetos e larvas na densa vegetação rasteira das florestas Jurássicas da Europa. Ele tinha somente dois dedos nas mãos e, provavelmente, matava com suas mandíbulas delgadas que eram repletas de dentes afiados como agulhas.

OS CÉUS JURÁSSICOS

Enquanto os dinossauros dominavam a Terra, os céus Jurássicos estavam repletos de uma variedade de criaturas deslumbrantes. Répteis voadores, que apareceram primeiro no Triássico, agora se tornaram enormes. Em meados do Jurássico, as aves também tinham dominado o ar. Os cientistas já há muito têm ficado intrigados sobre como e por que eles evoluíram.

O esqueleto compacto de uma ave, composta de ossos leves e ocos, é bem adaptado para as necessidades do voo.

A ARTE DE VOAR

Voar é uma habilidade altamente evoluída, mas essa traz grandes recompensas. É mais fácil voar para escapar de caçadores do que fugir, e pode ser mais fácil avistar alimento do alto do que do solo. Voar exige asas e músculos poderosos, no entanto, também um corpo extremamente leve. Poucas criaturas possuem estas adaptações, mas no Jurássico, dois grupos de animais aperfeiçoaram a arte de voar e dominaram os céus. Os primeiros foram os pterossauros, ou répteis voadores. Os segundos foram as aves. Embora os pterossauros mais tarde se tornassem extintos, as aves ainda vivem na terra hoje em dia.

AVES PRIMITIVAS?

As aves mais antigas conhecidas possuíam diversas características que as ligavam aos répteis e aos dinossauros em especial. Assim como muitos dinossauros, as aves andam sobre as pernas traseiras, possuem pescoços flexíveis e olhos grandes, bem como algumas similaridades anatômicas mais complexas. Também há diferenças. As aves não possuem a cauda óssea e comprida dos dinossauros e não têm dentes. As aves também têm penas e asas, que os dinossauros não têm.

O Dimorfodonte provavelmente vivia em despenhadeiros perto do oceano e caçava peixes.

DIMORFODONTE

Este réptil voador vivia na Europa bem no início do período Jurássico e foi um dos pterossauros mais primitivos. Ele tinha pernas compridas, asas curtas e uma cauda óssea comprida que atuava como um leme no voo. Ele tinha uma envergadura de cerca de 1,5 m, que é razoavelmente pequena para um pterossauro.

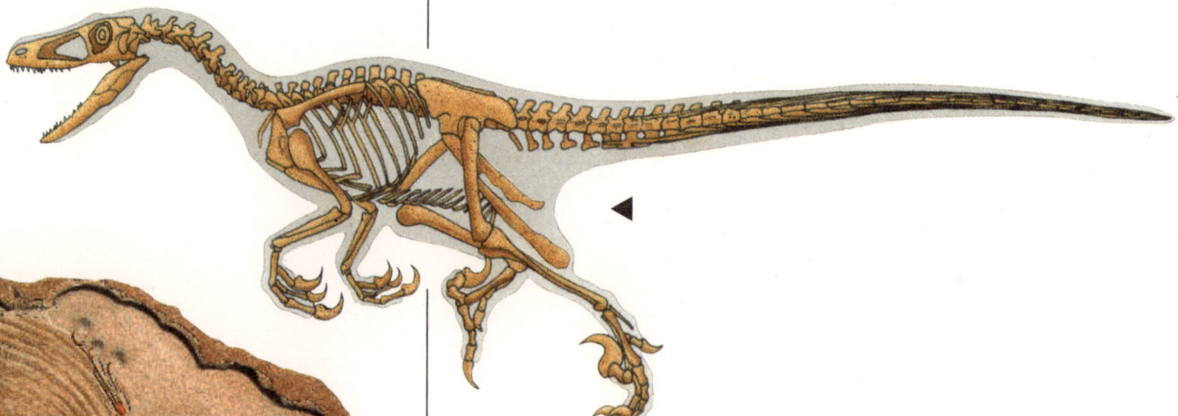

O Arqueópterix (fóssil acima) é considerado o "elo perdido" entre os dinossauros e as aves. Ele possui a cauda óssea e os braços fortes de um dinossauro, mas as penas e os ossos leves de uma ave. A maioria dos cientistas agora aceita que as aves evoluíram dos dinossauros.

ARQUEÓPTERIX

Os fósseis da mais antiga ave conhecida foram descobertos primeiro na Bavária em 1861. O fóssil de uma criatura parecida com réptil com asas e penas provou que as aves evoluíram dos répteis, mas não ficou claro que espécie de réptil tinha evoluído para se tornar aves. Atualmente, a maioria dos cientistas acredita que foi um grupo de pequenos dinossauros de caça que desenvolveu penas e a habilidade de voar.

O PTEROSSAURO PESCADOR

Por volta de 180 maa, os pterossauros tinham se espalhado pelo mundo. O Dorygnathus caçava peixes ao largo dos litorais da Europa e América do Norte. Para pegar peixes, esta criatura dava rasantes sobre a superfície do mar até que avistasse uma provável vítima. Então ele mergulhava suas mandíbulas dentro da água, abocanhava um infeliz peixe e saía voando. Seus longos dentes afiados que apontavam para frente eram ideais para segurar peixes escorregadios.

Acredita-se que o ancestral dos pterossauros tenha sido um réptil pequeno de quatro membros que vivia nas árvores.

O ALIMENTO DO PTEROSSAURO

Os cientistas observam as mandíbulas e dentes para aprender o que os animais comiam quando eram vivos. A maioria dos pterossauros encontrados até agora parece ter comido peixes, mas isso pode ser unicamente porque animais que morrem perto da água têm mais probabilidade de se fossilizar. Os pterossauros que viviam afastados da costa, provavelmente, se alimentavam de insetos, minhocas, lagartos e outros animais pequenos. Alguns pterossauros também comiam animais mortos, como os urubus fazem hoje em dia.

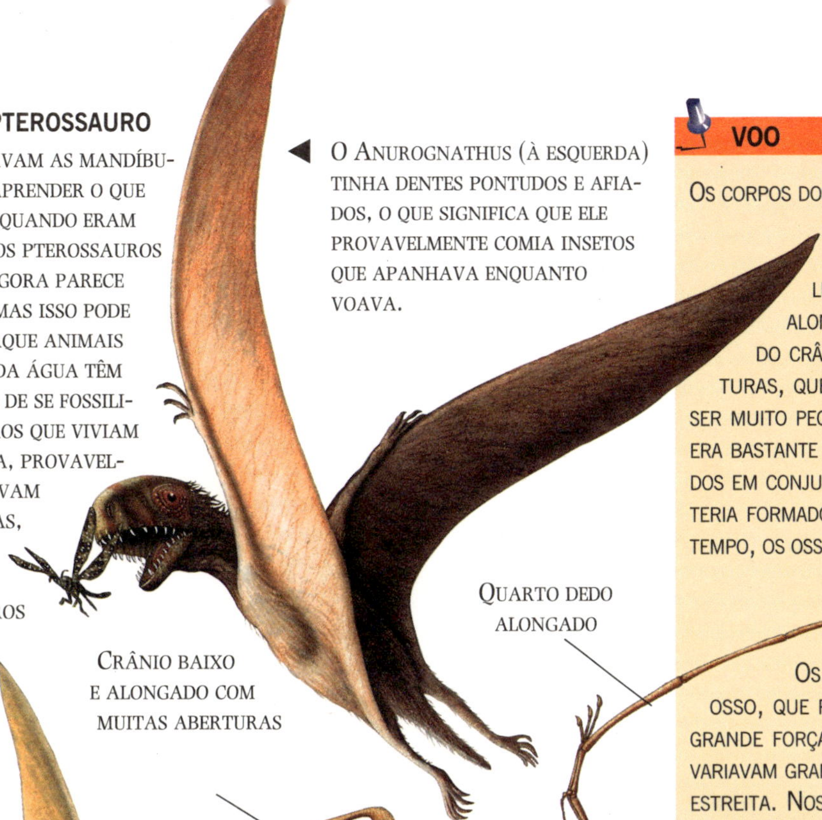

◀ O Anurognathus (à esquerda) tinha dentes pontudos e afiados, o que significa que ele provavelmente comia insetos que apanhava enquanto voava.

VOO

Os corpos dos pterossauros eram elegantemente adaptados para voar. Eles tinham todas as características necessárias, como: asas, músculos poderosos e ossos leves. Os crânios da maioria dos pterossauros eram alongados e baixos com mandíbulas pontudas. Os ossos do crânio, muitas vezes, tinham diversos buracos e aberturas, que reduziam o peso da cabeça. Os corpos tendiam a ser muito pequenos e reforçados. A espinha dorsal geralmente era bastante grande, e os ossos individuais às vezes eram travados em conjunto de maneira que não podiam se movimentar. Isso teria formado uma base sólida para o agito das asas. Ao mesmo tempo, os ossos tinham inúmeros buracos e aberturas para reduzir o seu peso. Por baixo das costelas havia uma caixa torácica extremamente grande que era larga e achatada. Os poderosíssimos músculos da asa eram ligados a este osso, que permitia as asas ser impulsionadas para baixo com grande força para manter o animal no ar. Os ossos da cauda variavam grandemente. No *Ranforrinco*, a cauda era comprida e estreita. Nos pterodátilos, ela era curta ou quase inexistente. As asas eram formadas de membros dianteiros especializados. Os próprios braços eram como os de outros répteis, mas eram razoavelmente delgados. O quarto dedo, contudo, era extremamente comprido e era usado para sustentar a rija aba de pele coriácea que formava a asa. Todos os ossos no corpo eram ocos, para torná-los o mais leves possível sem perder força.

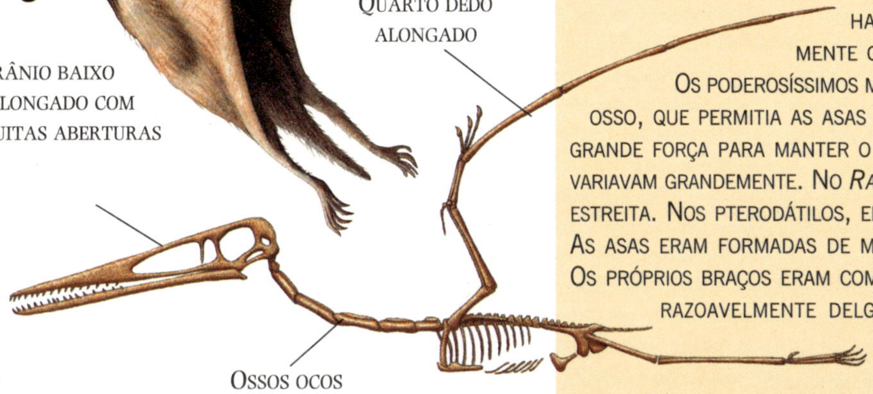

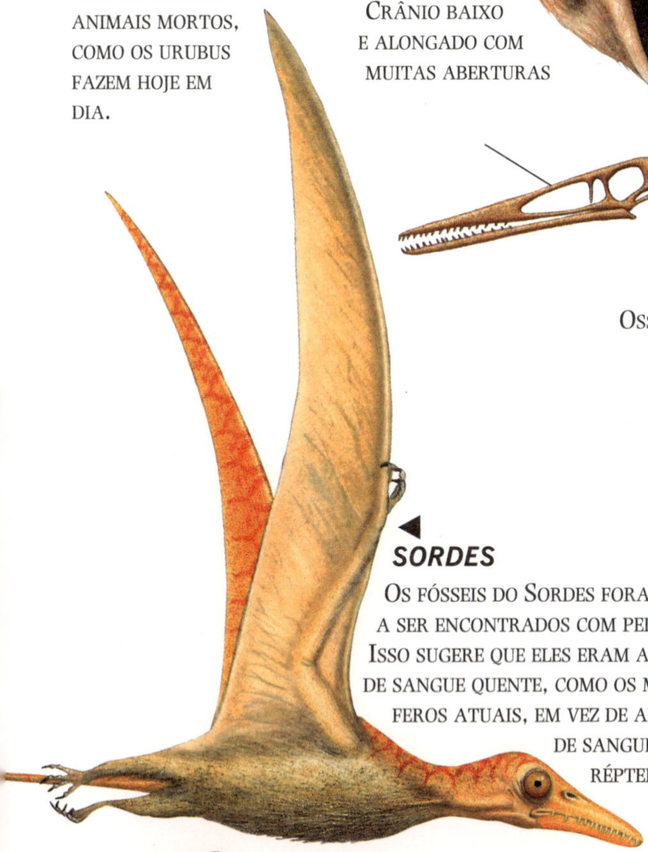

◀ **SORDES**

Os fósseis do Sordes foram os primeiros a ser encontrados com pelo fossilizado. Isso sugere que eles eram animais de sangue quente, como os mamíferos atuais, em vez de animais de sangue frio, como os répteis atuais.

◀ Dsungaripterus

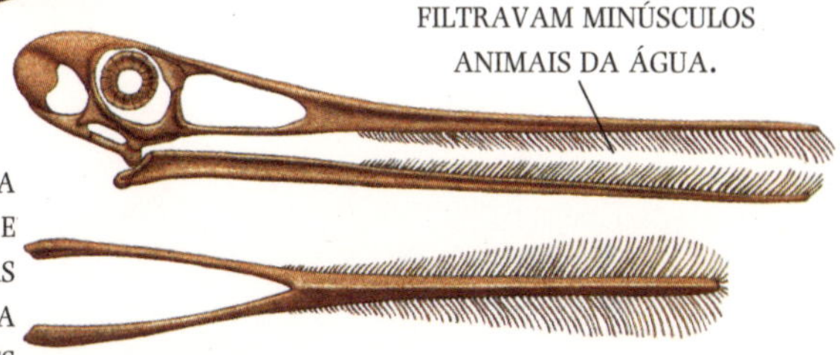

▼ Mais de 250 dentes filtravam minúsculos animais da água.

▶ O (esqueleto à direita) tinha mais de 250 dentes compridos e estreitos. Ele ficava em águas costeiras rasas e filtrava a água através de seus dentes para pegar minúsculos camarões e outros animais pequenos, que ele então engolia.

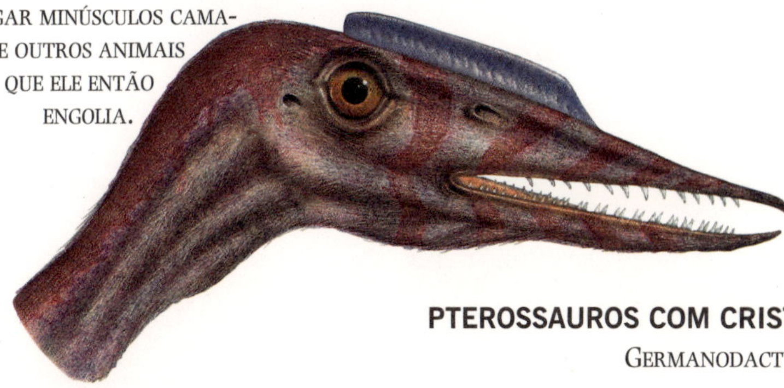

PTEROSSAUROS COM CRISTAS

Germanodactylus

SCAPHOGNATHUS

Este pterossauro viveu na mesma época que o Anurognathus. Ele tinha mandíbulas compridas com conjunto de dentes pontudos e afiados afastados um do outro. As pontas das mandíbulas, no entanto, não se encontravam, e não está claro que tipo de animais esta criatura caçava.

Começa a Verdadeira Era dos Dinossauros 8
A Vida no Mar 30

A Vida no Mar

Os mares aquecidos do Jurássico eram dominados por répteis gigantescos que caçavam peixes, moluscos e uns aos outros. As ricas águas estavam repletas de grandes quantidades de peixes e uma ampla variedade de outras criaturas. Elas forneciam uma fonte generosa de alimento para os répteis que tinham evoluído para nadar, incluindo algumas das feras aquáticas mais terríveis que já viveram.

CROCODILOS MARINHOS

Durante o Jurássico, diversas espécies de crocodilos desenvolveram barbatanas e nadadeiras no lugar das pernas, enquanto as caudas se tornaram largas e achatadas para proporcionar poder de movimentação. Os crocodilos marinhos foram muito bem-sucedidos por um tempo em meados do Jurássico, depois, repentinamente se extinguiram.

MONSTROS MARINHOS

Todos os poderosos répteis marinhos do Jurássico evoluíram de espécies dos répteis terrestres do Triássico. Pelo fato de os fósseis dos primeiros répteis marinhos serem muito raros, não está totalmente esclarecido como estes animais evoluíram, ou qual o parentesco entre esses. Os ictiossauros parecem ter evoluído primeiro, no início do Triássico, e podem ser descendentes de animais muito parecidos com os primeiros lagartos. Por volta de 220 maa, os primeiros ictiossauros haviam aparecido. Estes animais tinham um formato básico de peixe, mas ainda não tinham desenvolvido a cauda de peixe que era comum nos ictiossauros do Jurássico. Os plesiossauros evoluíram cerca de 210 maa a partir dos primeiros répteis chamados notossauros. Os notossauros tinham quatro pernas, cada qual tinha dedos palmados e era nitidamente usada para nadar. Os primeiros plesiossauros tinham pescoços compridos e cabeças pequenas. Estas criaturas, provavelmente, caçavam peixes ou lulas, e arremessavam suas cabeças para trás e para frente para agarrar a presa. Em meados do Jurássico, um grupo de plesiossauros evoluiu para ter cabeças grandes e pescoços curtos, e são hoje em dia conhecidos como pliossauros. Estes animais caçavam presas maiores, incluindo os próprios plesiossauros.

As mandíbulas do Cryptoclidus eram alinhadas com dentes finos, compridos e muito afiados que se sobrepunham quando as mandíbulas se fechavam. Elas eram uma armadilha extremamente eficiente para peixes escorregadios. ▼

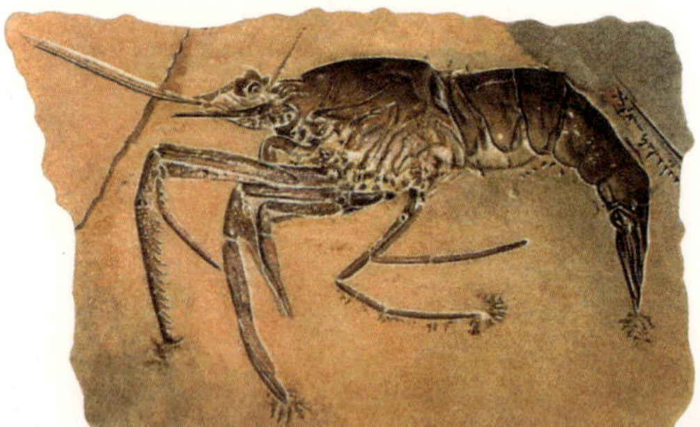

CRUSTÁCEOS

Os mares Jurássicos foram os primeiros a ver caranguejos, lagostas, camarões e pitus que são tão familiares hoje em dia. Todas estas criaturas são crustáceos – animais com um esqueleto externo duro e músculos e órgãos localizados lá dentro. Durante o Jurássico, os crustáceos se tornaram mais comuns e substituíram grupos anteriores de animais similares que se extinguiram.

CRYPTOCLIDUS

Um dos plesiossauros de maior sucesso foi o Cryptoclidus. Ele viveu nos mares rasos que cobriam a maior parte da Europa cerca de 130 maa. Neste período, os plesiossauros eram os répteis marinhos mais comuns, embora sua quantidade mais tarde tenha diminuído. O Cryptoclidus era incomum no fato de que seus olhos eram voltados para cima. Isso pode indicar que, para caçar, ele nadava lentamente ao longo do fundo dos mares rasos até que chegasse abaixo de um cardume de peixes. Então ele subia, abocanhava os peixes com suas mandíbulas e comia à vontade.

Começa a Verdadeira Era dos Dinossauros 8
Os Céus Jurássicos 26

SERES AQUÁTICOS

Durante o Jurássico, os mares eram muito maiores e mais abundantemente cheios de vida do que são hoje em dia. O mundo era mais quente e não havia calotas polares para reter vastas quantidades de água na forma de gelo. Isso fazia com que grandes áreas estivessem inundadas por amplos mares rasos. Estes mares eram brilhantemente iluminados pela luz solar e se mantinham aquecidos porque a água fria das profundezas não podia alcançá-los. As condições eram ideais para uma ampla variedade de vida marinha.

▲ Uma âmia.
Esta família de peixe teleósteo emergiu no início do Jurássico e sobrevive até hoje.

REVOLUÇÃO MARINHA MESOZOICA

Durante o Jurássico, a maioria dos peixes tinha parentesco com os tubarões de hoje em dia e tinha esqueletos formados por cartilagem, embora alguns tivessem esqueletos de ossos. No início do Jurássico, uma nova espécie de peixe se desenvolveu. Essa tinha esqueletos ósseos combinados com um novo tipo de barbatana. Estas barbatanas eram sustentadas por raios paralelos compridos de ossos, que conferiam ao peixe o nome de "teleósteos", ou curimbatá. Durante o Jurássico, os teleósteos aumentaram em quantidade e espécies até se tornarem os peixes mais numerosos e importantes dos mares, como continuam sendo hoje em dia.

LIOPLEURODONTE

O mais terrível dos répteis marinhos do Jurássico era o Liopleurodonte, que cruzava os mares rasos que cobriam a Inglaterra, a França e a Europa central. Este animal poderoso alcançava mais de 12 m de comprimento, e sua cabeça de 2,5 m tinha mandíbulas poderosas armadas com fortes dentes afiados. Suas nadadeiras musculosas eram projetadas para nados de longa distância, por isso ele podia nadar longe e rápido ao perseguir sua presa.

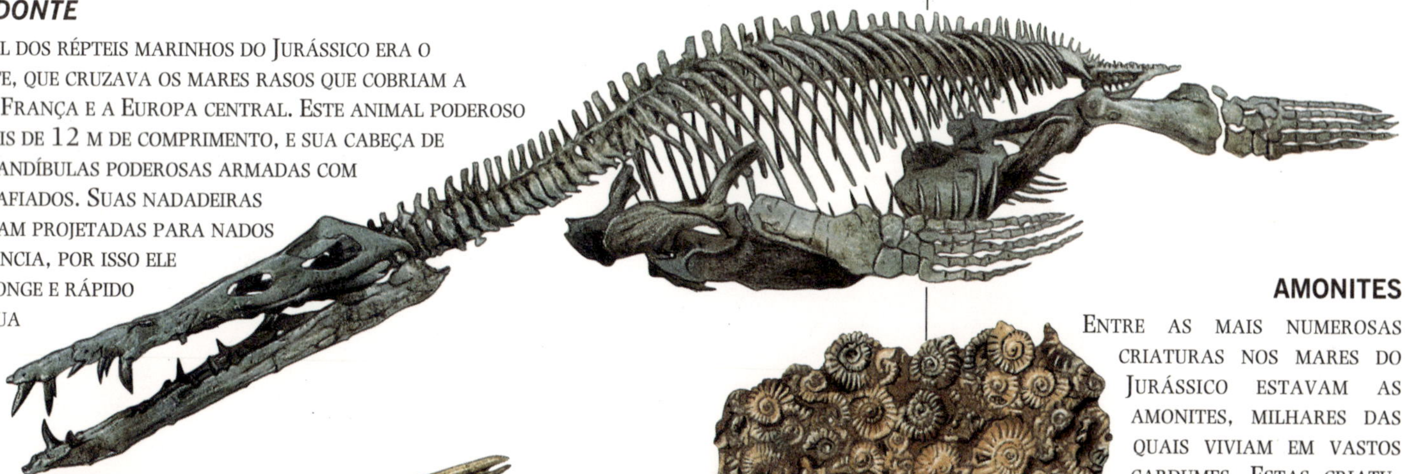

AMONITES

Entre as mais numerosas criaturas nos mares do Jurássico estavam as amonites, milhares das quais viviam em vastos cardumes. Estas criaturas eram parentes distantes da lula de hoje, mas elas viviam em uma dura concha espiralada. Ao crescer, a amonite construía uma câmara nova de concha para a qual se mudava. As câmaras velhas eram preenchidas com gás e ajudavam a manter o animal flutuando. Conforme as amonites nadavam, elas usavam seus tentáculos para capturar pequenos peixes e outras presas.

ICTIOSSAUROS

Os ictiossauros eram especializados para a vida no mar. Eles não podiam sair da água de jeito algum, nem mesmo para botar ovos. Eles davam à luz filhotes vivos, provavelmente em lagoas rasas e protegidas nas quais os filhotes ficariam a salvo dos caçadores maiores de mares abertos. O nome "ictiossauro" significa "lagarto peixe" e descreve perfeitamente o formato corporal destes animais.

▲

Sabemos muito sobre os ictiossauros por causa de uma série de fósseis encontrada na Alemanha. Estes fósseis preservaram não somente os ossos, mas também os músculos e a pele.

PLANTAS MARINHAS

As plantas dos mares Jurássicos eram muito parecidas com as dos oceanos modernos. Em águas rasas, imensas florestas de feofíceas e algas marinhas dependiam da luz solar que chegava ao fundo do mar. Em águas mais profundas, diatomáceas flutuantes e minúsculas algas marinhas vagavam com a corrente oceânica.

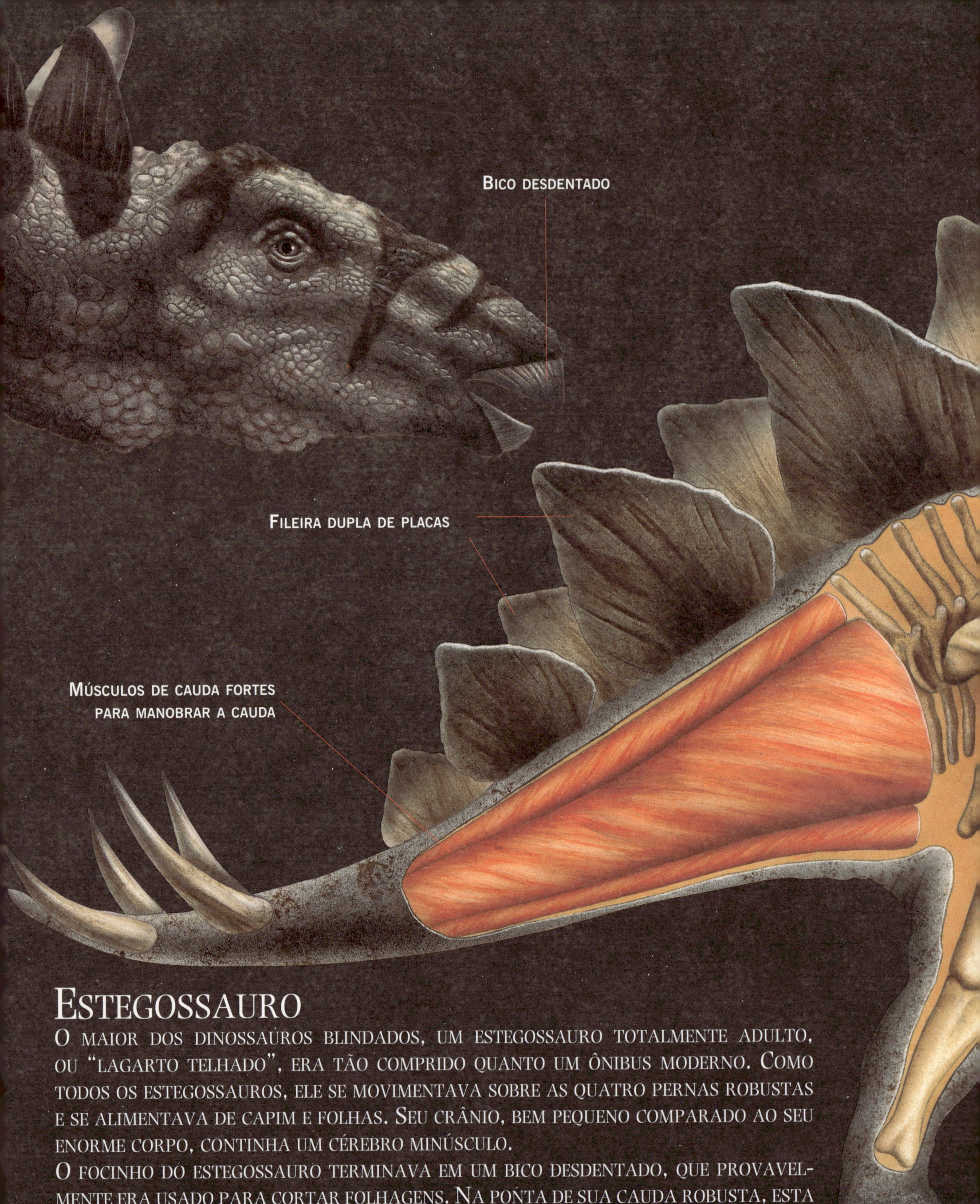

ESTEGOSSAURO

O MAIOR DOS DINOSSAUROS BLINDADOS, UM ESTEGOSSAURO TOTALMENTE ADULTO, OU "LAGARTO TELHADO", ERA TÃO COMPRIDO QUANTO UM ÔNIBUS MODERNO. COMO TODOS OS ESTEGOSSAUROS, ELE SE MOVIMENTAVA SOBRE AS QUATRO PERNAS ROBUSTAS E SE ALIMENTAVA DE CAPIM E FOLHAS. SEU CRÂNIO, BEM PEQUENO COMPARADO AO SEU ENORME CORPO, CONTINHA UM CÉREBRO MINÚSCULO.

O FOCINHO DO ESTEGOSSAURO TERMINAVA EM UM BICO DESDENTADO, QUE PROVAVELMENTE ERA USADO PARA CORTAR FOLHAGENS. NA PONTA DE SUA CAUDA ROBUSTA, ESTA CRIATURA LEVAVA UMA PODEROSA ARMA – QUATRO ESPINHOS AFIADOS – COM A QUAL ELE PODIA SURRAR QUALQUER ANIMAL QUE OUSASSE ATACÁ-LO.

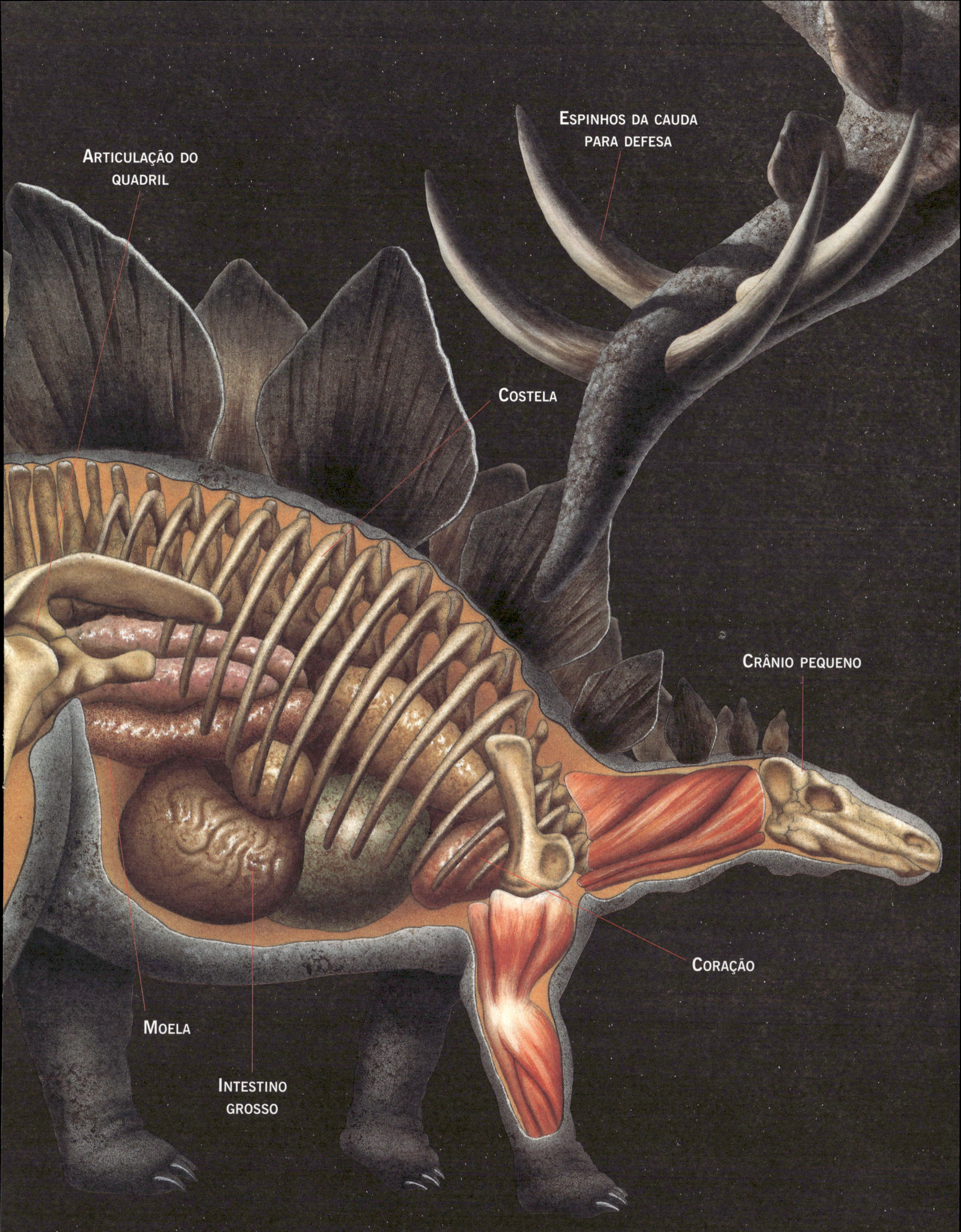
Espinhos da cauda para defesa
Articulação do quadril
Costela
Crânio pequeno
Coração
Moela
Intestino grosso

Assim como folhas e capim, o estegossauro, provavelmente, se alimentava de frutas. Aqui um estegossauro mastiga um fruto de cicadácea. ▼

O MAIOR DOS DINOSSAUROS BLINDADOS

Todos os aproximadamente 15 membros das duas famílias de estegossauros conhecidos dividiam uma característica corporal muito especial – duas fileiras escalonadas e compridas de placas ósseas ou espinhos, que descem pelo centro de suas costas. Eles parecem ter evoluído entre o início e meados do Jurássico, provavelmente na China, e eram bastante numerosos durante o final do Jurássico. Eles se espalharam pelo mundo e foram encontrados fósseis na China, África, Europa, Índia e América do Norte. No início do Período Cretáceo, eles estavam extintos por toda parte, exceto na Índia, onde sobreviveram até o final do Cretáceo.

O ESQUELETO

Este esqueleto de Estegossauro mostra as principais características de todos os estegossauros: as pernas dianteiras mais curtas do que as traseiras; a cabeça pequena e estreita; as grandes placas ósseas, ou espinhos, dependendo da espécie; e os espinhos da cauda.

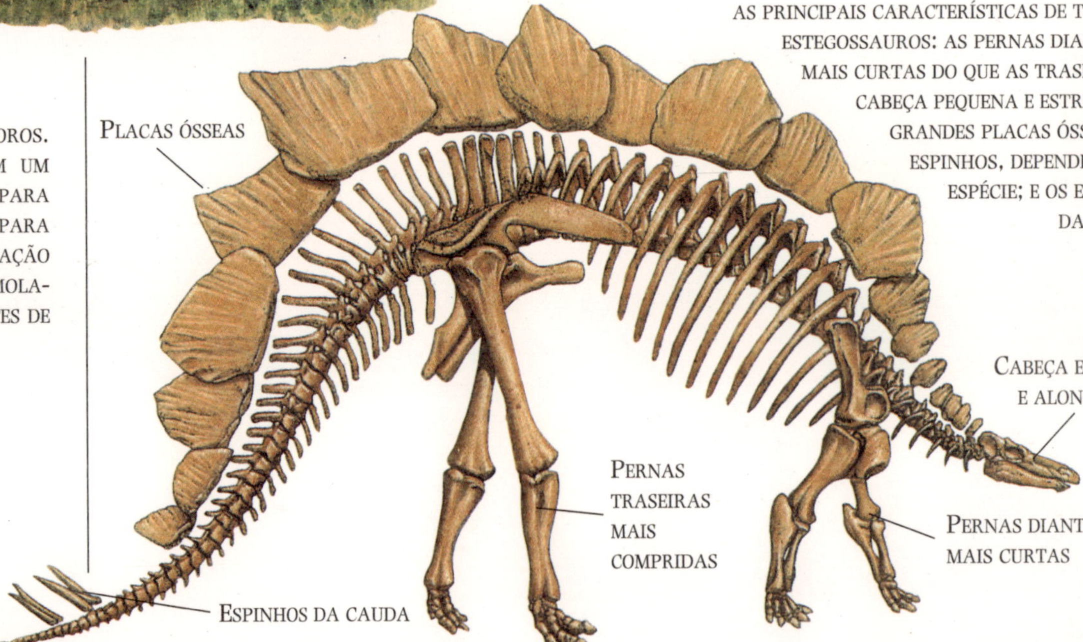

COMIDA E ALIMENTAÇÃO

Todos os estegossauros eram herbívoros. Eles tinham um focinho estreito com um bico que, provavelmente, era utilizado para remexer entre galhos e samambaias para cortar os pedaços escolhidos de vegetação e frutas. Eles tinham robustos dentes molares para mastigar vegetação dura antes de engolir.

Exemplos de dentes molares de três estegossauros diferentes. Todos eram bem adaptados para comer folhagem. ▼

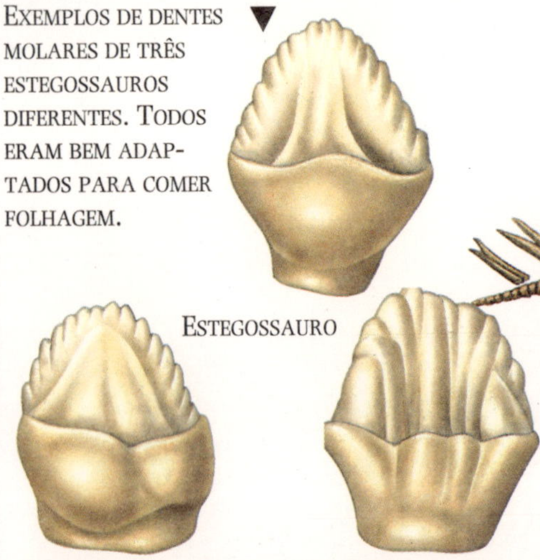

A POSIÇÃO DAS PLACAS

Até 1992, quando se encontrou um esqueleto quase completo de Estegossauro, os cientistas não tinham certeza de como as placas eram distribuídas ao longo das costas dos animais. Agora eles sabem que essas eram fixadas em duas fileiras escalonadas.

Começa a Verdadeira Era dos Dinossauros 8
Prossaurópodes 10
Gigantes do Jurássico 14
Alimentando-se de Gigantes 18

AUTODEFESA

Os estegossauros ocupavam a Terra no mesmo período que alguns predadores muito grandes e violentos, como o Alossauro. Eles eram animais robustos que não podiam contar com velocidade ou agilidade para fugir, mas ainda assim eles eram capazes de se defender. Ao enfrentar um agressor, os estegossauros podiam berrar, roçar suas placas e golpear com suas caudas fatais de um lado para outro.

▲ O Kentrossauro tinha seis pares de placas ósseas no pescoço e costas, e sete pares de espinhos ósseos para proteger sua cauda.

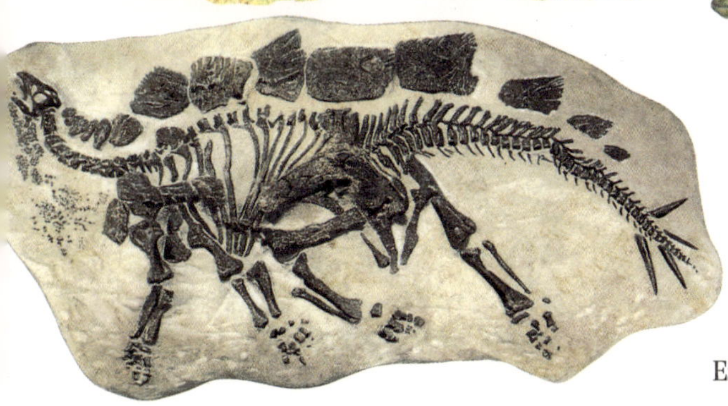

▲

KENTROSSAURO

Este estegossauro viveu na África Oriental e era muito menor do que o Estegossauro. Além das placas e espinhos nas costas, o Kentrossauro tinha um par de espinhos fixados na pélvis que apontavam para trás.

A FUNÇÃO DAS PLACAS

Com o passar dos anos, foram surgindo muitas teorias diferentes sobre qual o propósito das placas dos estegossauros. Uma teoria comum diz que essas eram usadas para regular a temperatura corporal do animal. As placas eram recobertas de carne e sangue, e se o estegossauro ficasse no sol, essas ficariam quentes rapidamente para fornecer energia. Essas também podiam ser usadas para resfriar os animais, já que as placas escalonadas ao longo das costas permitiam um melhor acesso para brisas refrescantes. Mais do que uma espécie de estegossauro habitava o mesmo ambiente, os formatos variados das placas ou espinhos podem ter sido usados por espécies diferentes para reconhecer um ao outro. As placas também podem ter sido usadas em rituais de namoro. É evidente que as grandes placas e espinhos eram quase certamente usados na defesa.

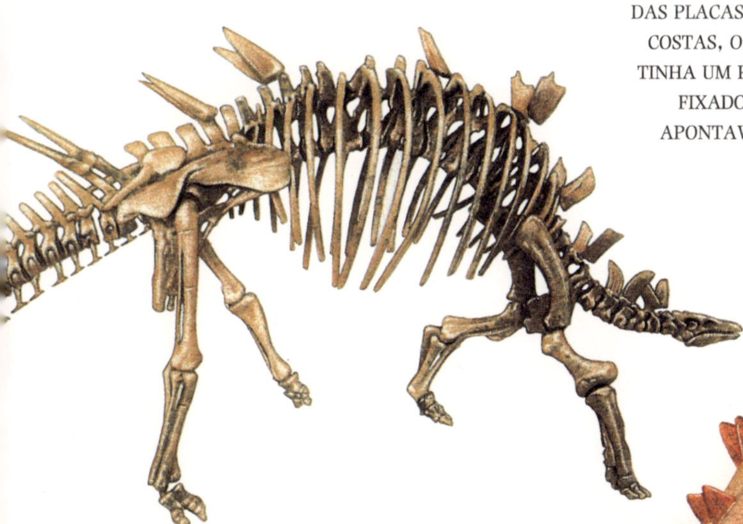

TUOJIANGOSSAURO

ÍNDICE

ANOTAÇÕES